Género Ficción histórica

Pregunta esencial

¿De qué modo contribuyen los distintos grupos a una causa?

El sombrero de Norberto

SANDY MCKAY

ILUSTRADO POR JAMES WATSON

CAPÍTULO 1

David encuentra un sombrero

CALIFORNIA, 1962

David Johnson se estiró para alcanzar su raqueta de tenis en el clóset del corredor. Cuando lo hizo, un gran sombrero de ala ancha salió disparado y cayó a su lado.

El papá de David se abalanzó sobre el sombrero.

—No lo había visto en años —dijo en tono sorprendido—. Pensé que lo habían botado.

Con su pulgar, el padre acarició el fieltro suave y blanco, sucio por el uso y el tiempo.

—Este es un sombrero que le perteneció a tu tío Ralf —dijo—. Ya debe tener alrededor de 20 años.

—Eso es bastante tiempo para un sombrero —dijo David.

—Se lo regalaron en 1943, durante la Segunda Guerra Mundial —dijo el papá.

—¿Qué edad tenías? —preguntó David al darse cuenta de que él y su padre habían hablado poco sobre la guerra.

—Oh, no era mucho mayor que tú ahora. Unos 14 años si mal no recuerdo —dijo y luego se rio—. Lo suficientemente mayor para considerar que debía abandonar la escuela.

"*¿Catorce?*" David no podía imaginarse abandonar la escuela a los 14. Justo en ese momento, sentía que posiblemente estaría allí para siempre.

—La vida era muy diferente durante la guerra —continuó el papá—. Muchos hombres jóvenes se unían a las fuerzas como reclutas. Era difícil encontrar obreros.

—¿Las fuerzas? —preguntó David.

—Ejército, Marina, fuerza aérea —dijo el papá, mientras se sentaba en las escaleras del corredor—. Era demasiado joven para alistarme, pero no tanto como para trabajar. Un amigo mío tenía un tío que tenía una granja grande donde cultivaban remolacha azucarera en California central, a unas cuantas horas de donde vivíamos. Como él necesitaba trabajadores con urgencia dijo que podíamos ir a trabajar para él.

El papá se veía pensativo y añadió:

—Mi papá murió cuando yo tenía tu edad, y mi mamá tenía muchas obligaciones financieras. Supongo que yo quería ayudar. Oficialmente, era el hombre de la casa. Sabía que si abandonaba la escuela, podría ganar algo de dinero.

—¿Qué dijo la abuela? —preguntó David.

—Aunque no estaba contenta porque dejara la escuela, comprendía la razón. Era mi contribución; en aquellos días las personas hacían lo que podían.

David soltó su raqueta de tenis y tomó el sombrero.

—Pero, ¿y qué tiene que ver todo eso con este sombrero? —preguntó.

El papá le revolvió el cabello.

—Bueno, este sombrero le perteneció originalmente a un mexicano llamado Norberto.

A David le gustó la manera como su padre pronunció las palabras *sombrero* y *Norberto*. Las dijo apropiadamente, como lo haría un mexicano, no como David y su familia que solo hablan inglés. Él sabía que su papá podía hablar español razonablemente bien, pero no sabía por qué. Quizá ahora lo averiguaría.

—Norberto atravesó la frontera desde México poco después de que comenzó la guerra —continuó el padre—. Vino con muchos otros a ayudar a los granjeros estadounidenses con las cosechas. Aquellos hombres mexicanos en realidad llenaron un vacío.

Su papá le quitó el sombrero y se lo puso, como si este lo ayudase a recordar.

Después, se recostó, cerró los ojos y viajó de regreso a 1943.

CAPÍTULO 2

Henry conoce a Norberto

CALIFORNIA, 1943

La madre de Henry Johnson estaba de pie en la cocina lavando los platos del desayuno. Estaba tratando de acostumbrarse a la idea de que su hijo mayor se iba a trabajar a una granja de remolacha azucarera. Sabía que necesitaban el dinero, pero no le parecía justo que él dejara la escuela a los 14 años.

La Segunda Guerra Mundial había cambiado todo y las personas en todo el mundo estaban despidiéndose de sus hijos, tíos, padres y nietos. Muchas personas de su propio vecindario se habían marchado y la señora Johnson suponía que solo le quedaba acostumbrarse. Al menos podía estar agradecida de que Henry tenía apenas 14, pues si hubiera sido cuatro años mayor, habría podido alistarse. Comparado con luchar en el ejército, el trabajo no era tan mala opción.

Dos semanas después, cuando Henry abordó un autobús para ir a la granja de remolachas, la señora Johnson se despidió a regañadientes. Después de que Henry se fue, abrazó con fuerza a sus hijos menores, Katy y Ralf.

En cuanto a Henry, él se moría de ganas de comenzar su aventura.

Unas horas más tarde, el autobús se detuvo en la granja. Los campos de remolacha azucarera se extendían hacia el horizonte en todas las direcciones. Henry estaba acalorado, cansado y sediento, y sus ojos se abrieron de par en par cuando lo llevaron a una pequeña cabaña de madera. Adentro estaba la litera en la que dormiría durante los siguientes seis meses.

Al día siguiente la sorpresa fue aun mayor porque el trabajo era más duro de lo que se había imaginado. Se dio cuenta de que no sería fácil acostumbrarse a trabajar hasta diez horas diarias bajo el sol ardiente.

Henry compartía la cabaña con sus amigos George y Chester. Los trabajadores mexicanos, llamados *braceros*, acampaban en tiendas más lejanas. Abundaban los relatos de cómo los jóvenes mexicanos habían hecho fila durante días para conseguir un trabajo al otro lado de la frontera, agradecidos por la oportunidad de ganar dinero para sus familias que dejaban en su país.

Desde el comienzo, Henry se dio cuenta de que los mexicanos estaban en buena forma física y que eran muy hábiles. Nunca antes había conocido a nadie de México, y estaba fascinado por la forma como lucían estos hombres: la diversidad de sus ropas y el sonido de su idioma.

A menudo, los braceros se reunían después del atardecer a tocar su música y a cantar. Algunos eran magníficos guitarristas, y a Henry, George y Chester les encantaba recostarse en sus literas a escuchar las cautivadoras melodías.

A veces, después del trabajo, los jóvenes caminaban más allá del campamento de los braceros hasta el pozo en el lado oriental de la granja.

Henry comprendía a los braceros porque podía imaginar cuán difícil debía ser su vida estando tan lejos de sus hogares. Sin embargo, también sentía cautela hacia ellos, posiblemente, porque eran diferentes. No entender el idioma que hablaban le hacía sentir miedo algunas veces.

Una noche, cuando Henry y George estaban caminando, comenzaron a hablar sobre la guerra. El padre de George era piloto de la fuerza aérea y tenía que desarrollar operaciones militares peligrosas. George estaba orgulloso de él pero le preocupaba su seguridad. Allí los muchachos no recibían muchas cartas y les era difícil estar al día con el boletín de noticias.

Henry estaba tan absorto en la conversación que no se dio cuenta de que su billetera se había salido del bolsillo de sus pantalones. Solo después de regresar a la cabaña descubrió que no la tenía.

Al principio pensó que debía habérsele caído afuera de la cabaña, pero cuando se devolvió sobre sus pasos no la encontró. Con un sentimiento creciente de pánico, volvió de nuevo sobre sus pasos: aún no encontraba su billetera. El administrador de la granja tampoco lo ayudó. Cuando Henry le preguntó si alguien la había encontrado, le contestó con un bostezo:

—Es posible que uno de los braceros la haya tomado.

—Pero, ¿cómo la recuperaré? —preguntó Henry ansiosamente.

El administrador se encogió de hombros.

—No cuentes con recuperarla.

Henry se sintió enfermo de preocupación porque en la billetera tenía dos semanas de salario. Sabía que para su madre sería una noticia terrible. Estuvo inquieto toda la noche hasta que su estómago se hizo un solo nudo. No le gustó que el administrador supusiera que un bracero se había quedado con su billetera pero, ¿podría tener razón?

La tarde siguiente, George y Henry pasaban por el campamento de los braceros cuando escucharon que alguien silbaba. Se dieron vuelta y encontraron a un joven mexicano no mucho mayor que ellos. Tenía un sombrero blanco de ala ancha y la sonrisa más grande que jamás había visto. En su mano tenía una billetera de cuero marrón.

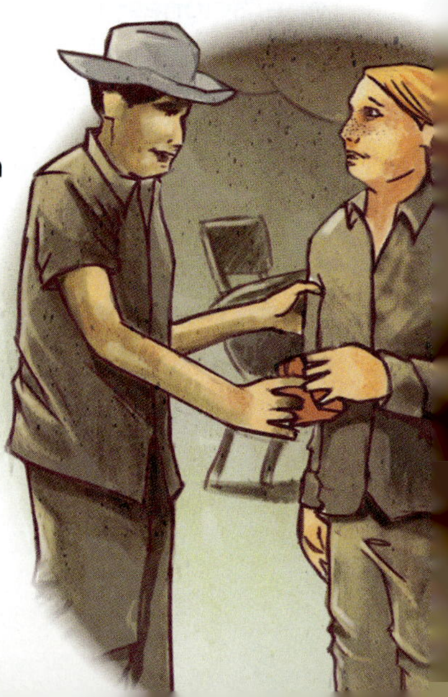

El bracero sonrió y le entregó a Henry la billetera, quien de inmediato verificó si su dinero estaba allí. Cuando vio que sí, se sonrojó. Estrechó la mano del bracero.

—Gracias, pero... ¿cómo sabías que era mía?

—La foto —dijo el bracero señalando la fotografía—. Es una foto de su familia.

—Él te reconoció en la fotografía de tu familia —explicó George, quien sabía algo de español. Henry no hablaba ni una palabra.

—Quiere mostrarte la fotografía de *su* familia —tradujo George en cuanto el bracero dijo algo más en español.

El bracero metió la mano en su bolsillo trasero y sacó una fotografía pequeña y en mal estado.

—Mamá, Papá, Fidel... —recitó los nombres, uno a uno.

Señaló la fotografía de Henry y lo animó a nombrar a su familia. Los jóvenes se sentaron bajo un árbol y compartieron fotografías. A la media hora, Henry ya decía mamá y papá en español y pronunciaba Norberto, el nombre del bracero, de la forma mexicana correcta.

—¿Me puedes enseñar español? —le preguntó Henry. Norberto aceptó sonriendo.

Detective del lenguaje

La palabra subrayada es un pronombre complemento. Se refiere a Norberto. Busca otro pronombre complemento en esta página. ¿A quién se refiere?

CAPÍTULO 3

Un invitado para la cena

CALIFORNIA, 1943

Henry y Norberto se encontraban todas las noches. A medida que los días pasaban, el español de Henry mejoraba —tanto como el inglés de Norberto— y también se había acostumbrado al trabajo agotador. Era un asunto de supervivencia y, al menos sabía, que podía ir a casa cada quince días. A los braceros, en cambio, solo les permitían salir de la granja una vez al mes.

Un día, Henry tuvo una idea. Para retribuirle a Norberto su amabilidad, lo invitaría a su casa.

La señora Johnson, Katy y Ralf esperaban la llegada de los dos jóvenes. A su regreso a casa, Henry tenía nuevos y extraños sentimientos. A veces sentía como si nunca se hubiera ido y, otras veces, se sentía como un extraño.

Una vez adentro, Norberto se quitó el sombrero y lo puso sobre un asiento. Su piel cobriza y su pelo lacio y negro contrastaban con los Johnson, que eran rubios y de piel clara.

Después de media hora, Norberto conversaba como si fuera uno de la familia.

—¿Puedo probarme tu sombrero? —preguntó Ralf.

—Sí, sí —dijo Norberto.

Después de cenar, todos salieron a conversar en el cobertizo. Norberto habló sobre su hermano, Fidel.

—Creo que tiene la misma edad que tú, Ralf —dijo.

—Tengo 12 años y medio —dijo orgulloso Ralf.

—¡Ah! —dijo Norberto—. Eso pensé.

Norberto les contó cuánto extrañaba a su familia. Ellos quedaron estupefactos al saber que no había ido a México ¡en más de un año!

La mañana siguiente, mientras Norberto y Henry se preparaban para salir, la señora Johnson le dijo:

—Todos estamos muy agradecidos por el trabajo que hacen, Norberto. Quién sabe cómo se cosecharían los alimentos si no fuera por los braceros.

Él sonrió y agradeció en inglés, "*thanks*". Luego frunció el ceño. Dijo que sería más feliz si estuviera seguro de que su dinero sí llegaba a su casa cada mes. Explicó que el servicio de mensajería no era muy confiable y, a veces, el dinero no le llegaba a su familia.

La señora Johnson le dijo que debía enviarlo por correo certificado para que no lo interceptaran. Solo tenía que llenar un formulario en la oficina de correos. Norberto asintió. Ella le dijo que volviera a visitarlos mientras le decía adiós con la mano.

Detective del lenguaje **La palabra subrayada es un pronombre personal. ¿A quiénes hace referencia?**

CAPÍTULO 4

Intercambio de sombreros

CALIFORNIA, 1943

Norberto y Henry regresaron a la granja de remolachas azucareras. El tiempo todavía era caluroso. Henry nunca había trabajado tan duro en su vida: recolectaba, clasificaba y empacaba las remolachas. Los braceros trabajaban aún más duro, extrayendo hilera tras hilera de remolachas con azadones de mango corto.

Un mes después, Henry volvió a llevar a Norberto a su casa. La señora Johnson quería saber si su familia había recibido el dinero.

—¿Dinero? Ah, sí —la cara de Norberto se iluminó—. *Yes, thank you.*

Igual que la vez anterior, se sentaron a conversar después de la cena. De nuevo, Ralf no podía dejar de mirar el sombrero de Norberto.

Cuando se iban, Norberto le dio su sombrero a Ralf.

—¡Mi sombrero, toma mi sombrero!

—¡Huy no! No puedo tomar tu sombrero, Norberto —dijo Ralf sorprendido—. ¿Cómo trabajarás sin él?

—Conseguiré otro —le dijo y encogió los hombros.

—Puedes quedarte con el mío y yo con el tuyo —le dijo Ralf sonriendo, mientras corría en busca de su gorra verde favorita.

Norberto sonrió encantado. Todos estuvieron de acuerdo en que la gorra de Ralf le lucía muy bien a Norberto.

CALIFORNIA, 1962

David se puso el sombrero e imaginó al tío Ralf con él.

—Entonces, ¿qué ocurrió luego? ¿Tú y Norberto siguieron trabajando juntos? —le preguntó a su padre.

—Tristemente no —dijo el papá con los ojos nublados—. Al poco tiempo ya se había cosechado toda la remolacha. Norberto se fue a otra granja y yo regresé a casa. Ralf me dio el sombrero años después. Dijo que su cabeza había crecido mucho y que ya no le quedaba. El padre se rio.

—Una vez le envié una carta a Norberto pero la devolvieron. Lo curioso es que volví a ver la gorra verde de Ralf.

—¿De verdad? ¿Dónde? —preguntó David.

—Un año después, aproximadamente, nos encontramos con un grupo de braceros mexicanos, cerca de donde vivíamos —dijo—. Parecían trabajadores nuevos y uno de ellos tenía puesta la misma gorra verde, que se destacaba del resto. Hice que mamá detuviera el carro. Obviamente, la persona que la llevaba no era Norberto, pero tenía un parecido, así que le pregunté dónde la había obtenido.

—¿Qué contestó? —preguntó David.

—Que su hermano se la había dado. El muchacho era Fidel, hermano menor de Norberto. Me encantó conocerlo. Le pedí que saludara a su hermano mayor de mi parte.

Al recordar, el papá sonrió con cariño y le dijo a David:

—Siempre le estaré agradecido a esos braceros.

Resumir

Usa los detalles más importantes de *El sombrero de Norberto* para resumir el relato. Usa el organizador gráfico como ayuda.

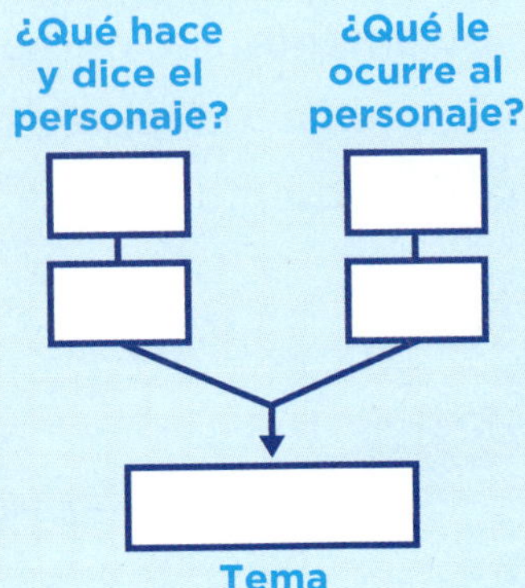

Evidencia en el texto

1. ¿Qué características del texto te ayudan a identificarlo como ficción histórica? **GÉNERO**

2. ¿Cuál es la "causa" en *El sombrero de Norberto*? ¿Cómo contribuyen a esa causa los diferentes grupos en el relato? **TEMA**

3. La palabra *braceros*, en la página 6, suena igual a la palabra *braseros*, pero tienen diferentes significados. ¿Qué significa *bracero*? Usa las claves de contexto como ayuda. Luego, encuentra otro par de homófonos en la página 12. **HOMÓFONOS**

4. Escribe sobre la actitud de la señora Johnson y de Henry Johnson hacia los braceros. ¿De qué manera sus comentarios ayudan a transmitir el mensaje de la autora? **ESCRIBIR SOBRE LA LECTURA**

Género Texto expositivo

Compara los textos

Lee sobre los mexicanos que trabajaron en los campos para ayudar a Estados Unidos durante la Segunda Guerra Mundial.

EL Programa Bracero

Cuando Estados Unidos entró a la Segunda Guerra Mundial, muchos jóvenes ingresaron a las fuerzas armadas. Esto ocasionó escasez de mano de obra, en especial en el sector agrícola. La pérdida de trabajadores era un gran problema porque una buena oferta de alimentos era importante para la causa de la guerra. Sin suficientes trabajadores, ¿cómo recogerían sus cosechas los granjeros?

En 1942, el Secretario de Agricultura de Estados Unidos viajó a la Ciudad de México y habló con el gobierno mexicano acerca de contratar trabajadores mexicanos en las granjas estadounidenses.

Así nació el Programa Bracero. Parecía una solución adecuada para ambos países: la economía de México pasaba por un momento difícil y el programa dio la oportunidad a los hombres solteros y fuertes de las zonas rurales pobres de ganar dinero para ellos y sus familias.

Hacia 1945, había más de 50,000 braceros empleados en la agricultura estadounidense.

Los trabajadores mexicanos aceptaron la oportunidad y muchos hicieron fila durante días para que los incluyeran en el programa. Aunque no todos fueron aceptados, un gran número de jóvenes mexicanos llegó a los pueblos cercanos a la frontera estadounidense con la esperanza de ser seleccionados.

Durante el Programa Bracero, se firmaron más de 4.6 millones de contratos con mexicanos que cruzaron la frontera para trabajar.

Para los braceros, la vida no era fácil. Trabajaban intensamente en granjas grandes, en condiciones difíciles. Recogían pepinos y tomates, extraían remolachas azucareras y deshierbaban y recogían algodón.

Trabajaron extensas jornadas, con frecuencia, desde el amanecer hasta después del atardecer. Muchos trabajadores sentían nostalgia porque solo se les permitía regresar a sus casas hasta después de haber terminado sus contratos.

Aunque había reglas para proteger a los braceros, con respecto a los pagos, el estado de la vivienda, el precio de la comida y el transporte de regreso a México, no todos los empleadores obedecieron estas reglas.

El Programa Bracero duró 22 años (1942–1964). Hoy el legado de los braceros sigue vivo. Estos hombres trabajadores ayudaron a hacer de los campos agrícolas estadounidenses uno de los más productivos del mundo.

UN BRACERO RECUERDA

Jesús Campoya Calderón, de San Diego, Chihuahua, en México, recuerda su época como bracero:

"En las granjas hacíamos cualquier cosa, aunque nuestro permiso era solamente para recoger algodón".

El recolector recibía $2.10 por 100 libras de algodón. El mejor recolector hacía $31.40 en una buena semana.

"Parece poco, pero en ese entonces un par de Levi's auténticos costaban $1.98...".

Una vez a la semana, llevaban a los braceros al pueblo a comprar alimentos y suministros. Algunas veces, aprovechaban la oportunidad para enviar dinero a su casa.

"Como yo no confiaba en el banco, ahorré todo mi dinero por mi cuenta. Trabajé 4 meses, 7 días a la semana, por lo menos 12 horas cada día, y llevé a casa casi $300".

Haz conexiones

¿Por qué Estados Unidos necesitaba trabajadores mexicanos para las granjas durante la Segunda Guerra Mundial? **PREGUNTA ESENCIAL**

Usando *El sombrero de Norberto* y *El programa Bracero* como evidencia, explica por qué los braceros querían trabajar en las granjas estadounidenses y cómo era la vida de los trabajadores. **EL TEXTO Y OTROS TEXTOS**

Enfoque: Elementos literarios

Escenas retrospectivas Las escenas retrospectivas se usan en ficción y en no ficción. Son las partes del texto que cuentan lo que ocurrió en un tiempo anterior al del relato o artículo principal. Las escenas retrospectivas dan información sobre un personaje o suceso. Con frecuencia, el escritor le permite al lector saber que el relato va a retroceder en el tiempo cuando hace que un personaje se detenga para volver a contar o a recordar el pasado. Una escena retrospectiva puede ser larga o corta. Puede estar separada en un capítulo o ser parte del texto principal.

Lee y descubre En *El sombrero de Norberto*, el capítulo 1 ocurre en 1962. Al final del capítulo, el papá "cerró los ojos y viajó de regreso a 1943". El siguiente capítulo ocurre en 1943 cuando el papá (Henry Johnson) tenía 14 años de edad. La escena retrospectiva continúa casi hasta el final del capítulo 4, cuando regresa a 1962 y el papá le cuenta a David algo que ocurrió en 1944.

Tu turno

Piensa en Norberto. ¿Qué podría pensar él sobre los años de guerra cuando trabajó en las granjas de California, muy lejos de su familia en México?

Escribe una escena retrospectiva breve desde su punto de vista. Describe cómo conoció a Henry y cómo se sentía al contribuir a la causa de la guerra de EE. UU.